Escena final

ÆREA | *carménère*

Roberto A. Cabrera

Escena final

Ærea | *carménère*

Serie fundada por Eleonora Finkelstein y Daniel Calabrese
Edición al cuidado de Paco Najarro

ESCENA FINAL
Primera edición: mayo de 2025

© Roberto A. Cabrera, 2025

© Ærea, 2025

Un sello de RIL® editores
SEDE SANTIAGO DE CHILE: Los Leones 2258 • CP 7511055 Providencia
☏ (56) 22 22 38 100 • ril@rileditores.com • www.rileditores.com

SEDE VALPARAÍSO • valparaiso@rileditores.com

SEDE ESPAÑA • europa@rileditores.com

Composición e impresión: RIL® editores
Diseño de colección: Marcelo Uribe Lamour
Imagen de portada: Roberto A. Cabrera

Impreso en España • *Printed in Spain*

ISBN: 978-84-10248-56-4
Depósito Legal: GI 873-2025

Florecemos
en un abismo.
RAFAEL CADENAS

Mas ya lo sabes: todo fue mentira.
CÉSAR VALLEJO

COMO UNA sombra que cruza una calle. Como un gemido. Como una palabra que no se comprende. Cruza ahora la calle. Gime. Habla. Hay dolor, no palabras. La boca se lamenta. No hay calle. Tus huesos o las palabras o las sombras. Esta extrañeza que es un lugar vacío, que es nada, que es dolor, ciertamente, que es un silencio que se cierra. Tú estás a un lado de la calle. Es de noche. No puedes dar un paso. Renuncias. Porque es de noche. Porque eres una sombra desnuda en la noche. Porque las palabras se ahogaron. Se ahogan. Y es de noche. Lo has dicho. No reconoces la calle. Que está vacía. En silencio. Sientes que estás como ante una puerta que no puedes abrir. Y no sabes si hay luz tras la puerta.

HAY PALABRAS como manos. Como lenguas que arrastran polvo. Como heridas purulentas. Hay palabras como cuerpos ciegos. Como espejos en la oscuridad. Como voces que desnudan. Hay esas palabras. Que no se escriben. Fugitivas. Como animales espantados. Grajas que se alzan con el pico abierto. Hienas que se ocultan en un paisaje desierto. Gaviotas en los médanos cuando cae la tarde. Todas esas palabras sin garganta. Que arden si las escribes. Que son sombras sin tinta, escritas en la arena. Que se recuerdan como un sueño confuso al despertar que se extingue en un instante de impotencia, ese regusto acaso amargo de lo visto y lo olvidado, y la impresión vaga de haber perdido una luz, de algo que se escurre entre los dedos, como arena negra, como polvo, y esa orfandad que es mirarse las manos vacías, en silencio, sin palabras.

COMO RUIDO de alguien subiendo una escalera. Y tú sin dientes, sin ahora, casi ciego. Y los pasos, que se acercan.

CUANDO LA luz. Cuando el despertar. Así te prometes lo que no ves, un acto de fe, palabras, naufragios, cenizas. No puedes decir nada. Cuesta resignarse a eso. Y esperas la luz. Esperas el despertar. Y te prometes: cuando la luz, cuando despierte. Y sueñas con palabras que vivan lo que tú, que sangren, se pudran, mueran.

¿Y QUÉ hay tras la puerta? La oscuridad en la que creces, ese sueño donde no reconoces tu rostro, el último otro lado que tu lengua no puede nombrar, música embebida de huesos. ¿Qué hay tras esta puerta? Un jardín dibujado bajo un sol negro, un animal hambriento.

HACER DE esto algo habitable. Buscar la luz que fue. Y las palabras terribles, pájaros suspendidos al borde de un precipicio, en la madrugada sin sol, en la oscuridad sin fondo. Palabras que arden, no consuelan. Las fúnebres, no otras. Dar nombre a tanta lluvia inexplicada.

EL NIÑO que hay en ti se resiste. Quiere sostener aún su manita en aquella mano que se cierra sobre ella, cálida, firme. Es un cuadro que le persigue. Un gesto que da seguridad a ese niño. Le dirías: no despiertes, no pierdas esa mano, déjate conducir a su lado, mira, el azul es azul, el cielo es cielo, la luz es luz, y todo es sereno, y está vivo, y tiene sentido. Dirías a ese niño algo simple, imposible: no crezcas. Para que las ruinas no te expulsen, para que el cortejo de las máscaras, las palabras monedas, las cenizas no te ahoguen. Y el niño se abandona, como si oyera las notas de una canción ya olvidada. Querrá vivir en esa canción que es como un dibujo en el que hay un niño que camina por una calle al sol, cogido de su mano, una mano grande, una mano cálida que ya se desdibuja, las líneas débiles, el trazo incierto, y la tinta, que se desvanece. El niño camina aún por la calle en el dibujo y no suelta su manita. Lo ves aferrado a la mano grande y cálida. Lo ves junto al cuerpo de contornos imprecisos, el rostro ya desaparecido en el dibujo de una calle al sol donde un niño camina solo sobre una página en blanco.

PERO ERA un sueño amordazado. Una herida. Era exactamente eso.

UN HOMBRE lleva las cenizas de un muerto. A su lado, la madre. El operario abre el nicho. El hombre no oye las palabras. Las del operario. Las de la madre. Son palabras vacías, como arena o polvo que apenas importa apartar con la mano. Y piensa. Se dice: un hombre lleva las cenizas de un muerto. No llueve. No hace frío. Cae un sol de verano. Le piden la urna. Con disimulo el hombre deja una caricia leve en la porcelana gris, un rozar apenas, algo que se desprende de sus manos, que el operario coge y deposita en el nicho y cierra con una lápida. Hay palabras. Palabras que dicen: una lápida provisional, oficina, encargo, arreglos. El operario se despide. Y el hombre se ve a sí mismo alejarse. A su lado, la madre. Abre un paquete. Come una galleta. Le ofrece una. El hombre se la come, en silencio.

QUE LAS palabras sobrevivan. Que vivan más allá del silencio. Como cuerpos desnudos, como huesos. O como ceniza muda. O como cielo clausurado. Pero si las palabras son cuerpos, las palabras mueren. Mueren al salir de las bocas que expiran, como soplo húmedo que se extingue en el aire calcinado del desierto, como gesto tallado en la piedra que el viento erosiona. Y el silencio que buscas es nada, vacío tras las palabras. Pero sigues sosteniendo las palabras en la mano. Sigues trazando líneas sobre el papel. Y llegará el fuego. Y las cenizas. Y el silencio se hará definitivo en tu boca.

ACEPTA LA lección de esas cenizas.

ESA SOMBRA como un cuchillo. Esa espera. Ese vaciarse que no puedes estorbar. Esa impotencia. Ese perder la vista. Enmudecer. Silencio. No es fácil. Despojarse es una tarea. Aprender eso. La muerte te quiere desnudo. Los bolsillos estorban. Las botas pesan. El barro. Las palabras.

SI LA huida fuera posible, ya habrías ensayado ese movimiento.

HAS TENIDO un sueño. Que no recuerdas. Todo será olvidado. Te preguntarás: qué significan las heridas. Te preguntarás: qué significan las cenizas. Qué hay detrás de la palabra ceniza. Y olvidarás si hubo siquiera una respuesta.

ESTE VACÍO en el que ahora vives. Este silencio. Tu impotencia. Querrías aferrarte a alguna imagen antes de hundirte. Tus manos abiertas. Desnudas, tan frágiles. Sin luz. Como manos de muerto.

ALGO SIMPLE, que puedas expresar con pocas palabras. Con palabras secas, limpias, sin aristas, sin polvo.

ESTÁS EN la habitación, junto a él. La habitación es fría. Y como duerme bajo el efecto de la morfina, miras por la ventana, desde el sillón donde te sientas. Aguardas la llegada del doctor, que recorre la planta. No sabes si ya ha pasado por la habitación antes de que llegaras. Así que esperas. Y miras lo que la ventana te muestra.

Ves una pared de cemento. Hay un desconchado en un margen. Y parte del marco de otra ventana. Alguien, tal vez, desde allí te contempla.

De vez en cuando te levantas. Te acercas a la cama. Lo ves dormir. Respira con la boca desencajada. Sabes que no regresará de ese sueño.

ENTONCES ÉL alza el brazo. Lo sostiene, titubeante, y lo deja caer. Ese gesto se repite a intervalos irregulares. Con variaciones. El brazo resiste un poco la caída, oscila leve un segundo, otro, y cae. El brazo se alza con firmeza, como si tratara de llamar la atención de alguien, o advertirle. Y cae sin titubeo, a plomo. Como si fallara la resistencia. A veces, hay un forcejeo en el brazo. Está por caer, vuelve a alzarse, cae como quien baja unos escalones, se alza ligeramente. Parece una lucha agotadora. Y el brazo cae. Y no vuelve a alzarse.

EN SU piso, antes de que lo ingresaran. Te pide que lo afeites.

De niño, lo observabas afeitarse. Frente al espejo, se enjabonaba y repasaba con la maquinilla el mentón, el bigote. Tensaba la mejilla con una mano; y la hojilla rasuraba la piel. La espuma iba retrocediendo y el rostro se revelaba poco a poco, en silencio. Él se sabía observado por el niño. Fingía ignorarlo. La ceremonia concluía con una broma. La brocha volaba hasta la nariz del niño. Y allí dejaba una nube, que el niño se limpiaba entre risas.

Ahora te pide que lo afeites. Es un viejo que se muere. Sabe, porque le ha preguntado al médico, que va a morir en unos días. Acaso semanas.

Lo afeitas. Respetas el mismo silencio de entonces. Ahora no hay espejos. No hay un hombre joven. Ya no eres aquel niño. Cuando terminas, la brocha deja en la nariz un testigo de luz, la nube de entonces. Que él no se limpia.

SONRÍE, APENAS. Un esbozo de sonrisa. Con una nota triste. Que se desvanece cuando limpias el rastro de espuma en la punta de la nariz.

Se sobreentiende que recuerda la escena ante el espejo. El niño atento, admirándolo. Y aquella broma final: la espuma en la nariz.

La ceremonia podría bastar para reconciliar lo que se ha roto, para cerrar heridas (según se dice). Al menos un gesto, un ritual. Los símbolos y su otra vida.

El episodio no es irrelevante. No hay duda. La sonrisa tiene un papel. Lo atesoras.

Aún no cuentas con la falsedad de los gestos. Cuando descubras eso, el episodio, la ceremonia, el ritual (elige tú la palabra) dejará de tener sentido. Perderá todo valor. Entonces hubieras preferido ahorrártelo. O permanecer en la ignorancia, Edipo.

DE NUEVO una calle. Una calle vacía. Es de noche. Podrías cruzar esa calle. Hacer exactamente eso. O quedarte de pie. En silencio.

TE LLEVAS las manos a los bolsillos. Están llenos de cenizas, aún tibias. Hundes los dedos, escarbas, aprietas las cenizas. Sacas los puños de los bolsillos. Te llevas las manos a la boca. Masticas las cenizas. Sin lágrimas. Tu saliva apenas puede humedecerlas. Y no logras tragártelas. Lo intentas una y otra vez. Pero no puedes. Tratas de escupirlas. Y no es posible. La boca, amordazada de cenizas, inservible. Y no despiertas del sueño.

VISITAS UNA vez más esa habitación. En el hospital. Te ves sentado, frente a la cama. Donde él duerme su sueño de morfina. No otro día. Ese día que visitas una y otra vez. Donde guardas silencio. Y revives la escena con variaciones. Se te concedió vivir esa escena. Una única vez. Pero vuelves a la habitación. Entras en silencio. Te quedas en pie junto a la cama. Lo ves respirar por la boca. El estertor. Te dices: ya es un cadáver. Y no lo abandonas. Aunque ya no regrese de ese sueño.

ES OTRO el hijo que hubieras deseado tener aquí, ante la cama. No el que se sienta, ahora, una vez más, ante tu sueño de muerte.

EL PERRO ladra furioso, retenido por la cadena. El niño ve cómo su padre se acerca al perro, con cautela. Según se aproxima, el perro redobla su furia. Pero el padre mide sus movimientos. Y el perro acaba calmándose. El padre lo acaricia y explica al niño que, a veces, los perros ladran de puro miedo. Porque se saben atados. Y no pueden huir.

ACABAS DE llegar al hospital. Hace diez años que no lo ves, ni le has telefoneado, ni le has escrito. Una ruptura que creías definitiva. Un alejarse de él. Te recibe el médico que te había telefoneado. Te informa escuetamente. Es un médico joven. Te acompaña a la habitación. Entra él primero. Tú te detienes en el umbral. Porque lo has visto de pie, en pijama. Un viejo en los huesos, de piel amarillenta. Y en el rostro, el signo del desconcierto. Del desamparo.

ÉL NO repara en ti, de pie en la puerta. Se dirige al médico, que se le aproxima.

Y el visitante, inobservado, escucha la conversación.

Él pregunta: ¿Cuánto tiempo me queda?

El médico responde: Poco tiempo.

Él quiere saber cuánto tiempo. Cuánto es poco tiempo. Insiste, con palabras que son un hilo de voz.

El médico responde: Días, una semana, dos o tres semanas. Y se disculpa porque no puede precisar más. El visitante mudo que aguarda en la puerta podría pensar: la ciencia de la muerte es una ciencia inexacta. Pero no puede permitirse ese pensamiento. No en ese momento. Observa cómo el viejo sostiene la mirada del médico cuando le dice que lo siente. Cómo los labios tiemblan. Cómo se deja caer sobre la silla.

EL NIÑO ve el animalillo en la mano del padre. Es una salamanquesa. El padre le da otro nombre: perenquén. La mano sujeta el cuerpecito con delicadeza. Solo asoma la cabeza, gris. Y los ojos, que no se sabe qué expresan. El niño se pregunta si la criatura tiene miedo. Una patita asoma junto a la cabeza. El niño observa los dedos, las ventosas. Le parece una manita de niño, atrapada en otro cuerpo. De pronto, el animalito muerde un dedo del padre. El dedo en la boca. La cabeza inmóvil. La respiración agitada. El padre sonríe. Le enternece la defensa impotente. La mano, que no aprieta, que podría aplastar el cuerpecillo. La boca, que no suelta el dedo, sin lograr herirlo.

DE NUEVO en la escalera. Alguien sube. Tú aguardas, sin voz, en lo oscuro. Ruido de pasos, sombras, huesos.

ALGUIEN EN la oscuridad. Tras la puerta.
Te has ocultado para abrazar una sombra.
Y no hay luz que dé nombre a este fracaso, a esta huida
que te niega y te abandona en este peldaño, en una escalera
desconocida, que subes o bajas, a tientas, desorientado.

CUANDO LO visitas, por la mañana, aún en el piso.

Él dice que no logra dormir, que pasa la noche recorriendo las habitaciones, el pasillo.

Tratas de imaginar tus propias noches de insomnio cuando debas abrir esa puerta.

SABE QUE vive sus últimos días. En el silencio de la noche, en la oscuridad, esa clarividencia asfixia. Dormir es el ensayo de lo que aguarda. Y si no se te concede dormir, mejor arrojarse fuera de la cama, ese ataúd ciertamente.

LA MARIPOSA se exhibe en la mano del padre. Las patas, apresadas entre el índice y el pulgar.

El niño se acerca, cauteloso. Desconfía de las patas libres, que palpan con torpeza el índice. Desconfía del cuerpo negro, moteado de blanco. De las antenas siniestras.

Las alas se baten. Luego se despliegan y se cierran. Con lentitud. Y el niño ve el milagro del naranja y el negro que, de pronto, la mano del padre deja libre.

Y NO hay luz en esta noche. No importa si enciendes todas las lámparas. Es la noche tras los párpados de un muerto. Camina. Recorre a ciegas el pasillo. Entra a las habitaciones. Sal de ellas. Siéntate. En el borde de la cama. No tiene sentido sentarse. No lo tiene levantarse una vez más. Y te levantas. Y te sientas. Y te ves saliendo de habitaciones en las que no recuerdas haber entrado. Estas paredes no te reconocen. Regresa a la cama. Tiéndete boca arriba. Domina el temblor de tus manos. Crúzalas sobre el pecho.

ESCUCHA EL agua. Cae agua en la noche. Es un grifo abierto. Las palabras "agua en la noche". Entras en la cocina. En el baño. No hay grifos en el dormitorio. Tampoco en el pasillo. Y oyes todavía un silencio de agua que cae. No entiendes esas palabras. Pero oyes el silencio. El agua que cae, has dicho. Y el silencio. No la palabra silencio. No el agua, esa palabra. Agua que cae en silencio.

Y EL hijo que regresa, después de tantos años, convocado por tu muerte.

ES DE noche. Las baldosas sostienen tu cuerpo desnudo, sin peso. Sobre ellas, en pie, la levedad de tus huesos, apenas la piel los cubre, algo de cabello, la musculatura en su expresión mínima, los líquidos, que desertan. Eso que ya dejas de ser se desliza en la madrugada sin ruido. Se trata de un ensayo. El ejercicio es torpe. No parece haber progresos. No entiendes en qué sentido cabe aquí un progreso. A solas, desnudo en la noche.

NO LO has querido. Lo quisiste, cuando niño. Antes de crecer, ese pecado. Antes del desaire, del caminar sin ti, sin honrarte. Luego el desprecio. La ingratitud abominable.

No es tu hijo.

UNA PELÍCULA. Escena final. Kelvin regresa a la casa del padre. Llueve dentro de la casa. En la puerta, el hijo cae de rodillas ante el padre. Rodea sus piernas. El padre abraza al hijo. Y la cámara se eleva.

Eso es todo.

Durante años has bebido las aguas de esa escena.

Una y otra vez.

Lo que la cámara registra al elevarse no fue nunca para ti una advertencia. Haber leído bien los signos. Alguien quiso advertirte. Y tu ceguera te fue fiel. Hasta la hora de despertar.

A golpes.

VUELVES A intentarlo. Una vez más.
Esas palabras, esas heridas, esos huesos.
Vacío.
La palabra vacío.
Desamparo.
La palabra desamparo.

Estás de pie.
No hay luz en la casa. No llueve dentro.
Aceptar eso.

EL NIÑO corre por un pasillo; cae de bruces. El golpe le abre la barbilla. Hay sangre. Y gritos de la madre.

El niño se cree capaz de soportar el dolor. Alguien lo lleva en coche. Su madre, a su lado, le sostiene un pañuelo en el mentón. El niño siente frío en la barbilla.

Cosen la herida. Una enfermera elogia al pequeño héroe.

El niño descansa en una cama. Boca arriba. Llega el padre.

HAY UNA carta. No te la entrega él, ya muerto. La recibes de manos de un notario, el mensajero elegido para asestar ese golpe.

CENIZA, OSCURIDAD, silencio.

Símbolos gastados, no lo discutes.

La palabra *ceniza*. Pero también la ceniza, eso que cubre tu rostro, la ceniza que no puedes tragarte, que no te es posible escupir. Esa ceniza.

También la *oscuridad*, la ceguera presente. El *silencio*, pero asimismo el silencio, lo que no oyes. Esa nada que aguarda.

EN UNA calle desconocida. Una distracción del niño, ante un escaparate. El padre se oculta. Aguarda a que el niño advierta que está solo. El padre observa la inquietud, el desamparo, el miedo. Reaparece, cuando rompe el llanto. Sonríe.

LEES LA carta.

Las acusaciones, infames. Falsas. El golpe, irrevocable. El desconcierto.

A ciegas, bajas una escalera. Peldaño a peldaño. Sin palabras.

Dos hombres, en una calle desierta.

ACABA DE conocer su sentencia, en la habitación del hospital. Cuánto tiempo le queda. Y el médico se lo ha dicho: poco tiempo.

Él está sentado. Ha caído sobre la silla. Lo ves caer una vez más, como piedras que se derrumban. Esa es la imagen.

Pero él no sabe aún que tú aguardas en la puerta. Que has sido testigo de la conversación.

Entonces el médico le indica que su hijo ha venido a visitarlo. Y señala hacia la puerta.

Él te ve. Confundido, acongojado aún por el golpe. Al final te reconoce.

Es un viejo en pijama azul. Muy delgado. No es quien recuerdas, hace diez años. Está muy desmejorado, débil. Un prisionero rescatado de un campo de exterminio. Eso es lo que piensas, de pronto. Un condenado. Un reo.

Él abre los brazos. Y exclama: ¡Hijo! Y tú te arrojas a la silla y lo abrazas. Tienes lágrimas en los ojos. Es un hecho. El abrazo dura tiempo. La posición es incómoda para ti. Pero tu cuerpo no parece reparar en nimiedades como esa.

EL ABRAZO es un misterio.

La escena te parece ahora un remedo de cierta escena bíblica, edificante. Entonces te limitaste a vivirlo. No te permitiste pensar. Tomar distancias no era posible.

El tormento llegó tiempo después. Tras la muerte. Cuando se te reveló lo que ignorabas.

Entonces supiste la verdad. No te abrazó el padre de las Escrituras, embargado de un amor sin condiciones, a la espera infatigable de un retorno.

Ahora sabes de la falsedad del gesto. Ahora percibes la teatralidad del gesto, la falta de autenticidad, el artificio. Ahora evocas el tono en que fue pronunciada la palabra. El ligero falsete.

Y no hay misterio. La palabra farsa es la palabra justa.

LLEGAS AL hospital. Te acercas a la cama.

Todo ha terminado.

Las sábanas, bien tendidas, cubren el cuerpo. No la cabeza.

Te aproximas. El rostro es macilento (es lo que suele decirse, porque significa demacrado, pálido, descolorido; es lo apropiado para describir un muerto).

La boca está abierta; han dejado desencajada la mandíbula. Los empleados de la funeraria se ocuparán de extinguir ese grito mudo. Y lo maquillarán de forma exagerada, como comprobarás más tarde, en la capilla ardiente. Te disgustará ese maquillaje. Preferirás el recuerdo del otro rostro, el cabello despeinado, la boca abierta, los ojos pequeños, cegados, los pómulos salientes, el aire inerme, la derrota. Besaste esa frente. Que no estaba fría. El beso fue fugaz, casi tímido, como el de un niño. Pero tus labios besaron una frente aún tibia.

Tiempo después, cuando todo te fue revelado, pensarás que en la capilla ardiente tu padre se exhibía en su segunda naturaleza. En la cama del hospital, la muerte te reveló su rostro. Y fue ese rostro desconocido el que besaste. Prefieres evocarlo así; tu memoria desprecia el otro, el maquillado, el fingido. A veces, ni siquiera ese rostro, el macilento.

Prefieres el recuerdo de sus cenizas.

NOTA

Escena final fue escrito entre octubre de 2020 y diciembre de 2021. Se publicó en enero de 2023 en Cali, Colombia, en la colección Voz Aislada de El Taller Blanco Ediciones. Esta segunda edición, bajo el sello RIL Editores, ha sido revisada por el autor, y se introducen algunas correcciones y variantes.

Los Sauces (Isla de La Palma),
enero de 2025.

Este libro se terminó de imprimir
en mayo de 2025

RIL® editores • España

europa@rileditores.com

Se utilizó tecnología de última generación que reduce
el impacto medioambiental, pues ocupa estrictamente el
papel necesario para su producción, y se aplicaron altos
estándares para la gestión y reciclaje de desechos en
toda la cadena de producción.